12 Halloween Stories

IN FRENCH & ENGLISH

WRITTEN BY

LUANNA JALES

TRANSLATED BY

LUIZ FERNANDO PETERS

12 Halloween Stories in French and English

This book belongs to

Table of Contents

The Haunted Mirror

Read in French starting on Page 13

In a small village, there was a legend about an ancient mirror. They said that whoever looked into it on Halloween night would see their darkest fears come to life. The mirror was supposedly hidden away in the attic of an old, abandoned mansion at the edge of town.

One chilly Halloween night, a curious girl named Lily dared her friends to go with her to find the mirror. They laughed it off at first, but as the night grew darker, their curiosity got the best of them. They made their way to the mansion, its windows shattered and its doors creaking with age.

Lily led the way up the dusty stairs to the attic, the floorboards groaning under their weight. There, covered in a thick layer of cobwebs, was the mirror. It was tall and ornate, with strange symbols carved into its frame.

“Are you sure about this?” one of her friends whispered, but Lily was determined. She wiped away the cobwebs and looked into the mirror. At first, she saw nothing but her reflection, but then the glass began to ripple like water.

Suddenly, Lily's reflection twisted into a grotesque version of herself, with hollow eyes and a sinister grin. She tried to look away, but her gaze was locked. Her friends screamed, but they were frozen in place, unable to move.

The reflection reached out from the mirror, its cold hand grabbing Lily's wrist. She felt herself being pulled towards the glass, and then, with a final, terrified scream, she disappeared into the mirror.

The next morning, the mirror was found shattered on the floor, and Lily was never seen again.

Le Miroir Hanté

Dans un petit village, il y avait une légende à propos d'un miroir ancien. On disait que quiconque le regardait la nuit d'Halloween verrait ses pires peurs prendre vie. Le miroir était supposé caché dans le grenier d'un vieux manoir abandonné à la périphérie de la ville.

Une froide nuit d'Halloween, une fille curieuse nommée Lily osa ses amis de l'accompagner pour trouver le miroir. Ils rirent au début, mais à mesure que la nuit s'assombrissait, leur curiosité prit le dessus. Ils se rendirent au manoir, ses fenêtres brisées et ses portes grinçant sous le poids des ans.

Lily ouvrit la voie en montant les escaliers poussiéreux jusqu'au grenier, les planches du sol gémissant sous leur poids. Là, couvert d'une épaisse couche de toiles d'araignée, se trouvait le miroir. Il était grand et orné, avec d'étranges symboles gravés sur son cadre.

"Tu es sûre de vouloir faire ça?" murmura un de ses amis, mais Lily était déterminée. Elle essuya les toiles d'araignée et regarda dans le miroir. Au début, elle ne vit que son reflet, mais le verre commença à onduler comme de l'eau.

Soudain, le reflet de Lily se tordit en une version grotesque d'elle-même, avec des yeux creux et un sourire sinistre. Elle essaya de détourner le regard, mais son regard était verrouillé. Ses amis crièrent, mais ils étaient figés sur place, incapables de bouger.

Le reflet tendit la main depuis le miroir, sa main froide

attrapant le poignet de Lily. Elle se sentit tirée vers le verre, puis, avec un dernier cri terrifié, elle disparut dans le miroir.

Le lendemain matin, le miroir fut retrouvé brisé sur le sol, et Lily ne fut plus jamais vue.

I Will Be With You Forever

Read in French starting on Page 27

On her eighth birthday, Emily received a beautiful doll from her grandmother. The doll had curly blonde hair, bright blue eyes, and a lovely pink dress with lace trim. But what captivated Emily most was that when she hugged the doll, it would softly say, "I will be with you forever!". The girl was enchanted by it. She named her Clara.

As Halloween approached, Emily decided she wanted to dress up as Clara. Her mother helped her find the perfect costume: a matching pink dress, a wig of blonde curls, and even a little lace headband. Emily was thrilled, feeling more connected to Clara than ever before.

On Halloween night, Emily eagerly put on her costume. She looked in the mirror and smiled, delighted at how much she resembled her beloved doll. That night, as she went trick-or-treating, she felt a strange sense of excitement, almost as if Clara was right there with her.

When Emily returned home, she was exhausted but happy. She placed Clara on her bedside table and crawled into bed, still wearing her costume. As she drifted off to sleep, she noticed something strange—the doll's eyes seemed to sparkle in the moonlight.

In the middle of the night, Emily woke up feeling odd. Her body felt stiff, and her skin was cold and smooth. She looked down at her hands, and saw that they were no longer her hands. They were porcelain, just like Clara's.

Panicking, Emily tried to jump out of bed, only to find out she could no longer move. She ran her eyes across the room and saw herself, at least her body, calmly sleeping in her bed. That sight made her want to scream, but when her eyes met the mirror, what she saw was absolutely out of a nightmare. She was no longer herself, but Clara.

If she could cry or scream, that's what she would have done, but there was absolutely nothing she could do, but move her eyes. There, trapped into her own head, she heard a voice whispering "Thank you for the body, Emily," the girl said in a voice that sounded eerily familiar. "It's time for you to rest now."

The girl put her in her lap and started reciting some sort of enchantment, everything started to become more and more blurred, until Emily could no longer move her doll eyes. "Now you will be with me forever." She heard the girl's laughter echoing in the darkness, inside she was screaming and crying.

The next morning, Emily's parents found the doll lying peacefully on the bed, its face forever frozen in a beautiful smile.

Je Serai Avec Toi Pour Toujours

Pour son huitième anniversaire, Emily reçut une belle poupée de sa grand-mère. La poupée avait des cheveux blonds bouclés, de grands yeux bleus et une jolie robe rose avec des bordures en dentelle. Mais ce qui captivait le plus Emily, c'était que lorsqu'elle la serrait dans ses bras, la poupée murmurait doucement : "Je serai avec toi pour toujours !". La petite fille en fut enchantée. Elle la nomma Clara.

À l'approche d'Halloween, Emily décida qu'elle voulait se déguiser en Clara. Sa mère l'aida à trouver le costume parfait : une robe rose assortie, une perruque de boucles blondes, et même un petit serre-tête en dentelle. Emily était ravie, se sentant plus proche de Clara que jamais.

Le soir d'Halloween, Emily enfila avec impatience son costume. Elle se regarda dans le miroir et sourit, ravie de voir à quel point elle ressemblait à sa poupée bien-aimée. Ce soir-là, en allant chercher des bonbons, elle ressentit une étrange excitation, presque comme si Clara était là avec elle.

Quand Emily rentra chez elle, elle était épuisée mais heureuse. Elle posa Clara sur la table de chevet et se glissa dans son lit, encore vêtue de son costume. Alors qu'elle s'endormait, elle remarqua quelque chose d'étrange—les yeux de la poupée semblaient scintiller sous la lumière de la lune.

Au milieu de la nuit, Emily se réveilla en se sentant étrange. Son corps était raide, et sa peau était froide et lisse. Elle regarda ses mains, et vit qu'elles n'étaient plus les siennes. Elles étaient en porcelaine, tout comme celles de Clara.

Paniquée, Emily tenta de sauter du lit, mais se rendit compte qu'elle ne pouvait plus bouger. Elle balaya la pièce du regard et vit son corps, du moins son corps, dormant paisiblement dans son lit. Cette vue la fit vouloir crier, mais quand ses yeux croisèrent le miroir, ce qu'elle vit était absolument digne d'un cauchemar. Elle n'était plus elle-même, mais Clara.

Si elle avait pu pleurer ou crier, c'est ce qu'elle aurait fait, mais il n'y avait absolument rien qu'elle pouvait faire, à part bouger les yeux. Là, piégée dans sa propre tête, elle entendit une voix murmurer : "Merci pour le corps, Emily", dit la fille d'une voix étrangement familière. "Il est temps pour toi de te reposer maintenant."

La fille la mit sur ses genoux et commença à réciter une sorte d'enchantement, tout devint de plus en plus flou, jusqu'à ce qu'Emily ne puisse plus bouger ses yeux de poupée. "Maintenant, tu seras avec moi pour toujours." Elle entendit le rire de la fille résonner dans l'obscurité, à l'intérieur, elle hurlait et pleurait.

Le lendemain matin, les parents d'Emily trouvèrent la poupée allongée paisiblement sur le lit, son visage à jamais figé dans un beau sourire.

Trick or Treat?

Read in French starting on Page 43

Max and Ana were best friends who loved Halloween. Every year, they would go trick-or-treating together, racing from house to house, their bags filling up with candy. This Halloween was no different—until they reached the old, creepy house at the end of the street.

The house was known for its elaborate decorations, but this year, something was different. In the front yard sat a massive Jack-O'-Lantern, its sinister grin lit by a flickering candle.

"Come on, it's just a pumpkin," Max said, trying to sound brave. They approached the door and knocked, but no one answered. Disappointed, they turned to leave, when suddenly, the Jack-O'-Lantern's eyes glowed brighter, and it began to shake.

"Max, look!" Ana gasped. The pumpkin started to rise, sprouting twisted vines that wrapped around it like limbs. The Jack-O'-Lantern now had a body, and it began to move toward them, its toothy grin widening.

"Run!" Max yelled, grabbing Ana's hand. They sprinted down the street, the sound of the pumpkin's heavy steps pounding behind them. Its glowing eyes locked onto them as it gave chase, the eerie flicker of its candle casting long shadows.

They ducked into a narrow alley, hoping to lose it, but the Jack-O'-Lantern was relentless. The walls echoed with the sound of crunching leaves and the creaking of vines as it closed in.

Just when they thought they were

trapped, Max spotted a small gate at the end of the alley. They dashed through it, slamming it shut behind them. The Jack-O'-Lantern reached the gate, but its massive body couldn't fit through. It glared at them, its light slowly dimming until, with a final flicker, it went out.

Panting and clutching their candy bags, Max and Ana stared at each other in disbelief.

"That was close," Ana whispered.

"Yeah," Max agreed, his voice shaking. "Next time, we're sticking to the well-lit houses."

Des Bonbons ou Un Sort?

Max et Ana étaient les meilleurs amis du monde et adoraient Halloween. Chaque année, ils allaient ensemble chercher des bonbons, courant de maison en maison, leurs sacs se remplissant de sucreries. Ce Halloween n'était pas différent—jusqu'à ce qu'ils atteignent la vieille maison effrayante au bout de la rue.

La maison était connue pour ses décorations élaborées, mais cette année, quelque chose était différent. Dans le jardin de devant, il y avait une énorme citrouille-lanterne, son sourire sinistre éclairé par une bougie vacillante.

"Allez, ce n'est qu'une citrouille," dit Max en essayant de paraître courageux. Ils s'approchèrent de la porte et frappèrent, mais personne ne répondit. Déçus, ils se retournèrent pour partir, quand soudain, les yeux de la citrouille-lanterne brillèrent plus fort et elle commença à trembler.

"Max, regarde !" s'exclama Ana. La citrouille commença à se lever, faisant jaillir des vignes tordues qui l'entouraient comme des membres. La citrouille-lanterne avait maintenant un corps, et elle se mit à avancer vers eux, son sourire dentelé s'élargissant.

“Cours !” cria Max, attrapant la main d’Ana. Ils sprintèrent dans la rue, le bruit des pas lourds de la citrouille résonnant derrière eux. Ses yeux brillants étaient fixés sur eux alors qu’elle les poursuivait, la lumière vacillante de sa bougie projetant de longues ombres.

Ils s’engouffrèrent dans une ruelle étroite, espérant la semer, mais la citrouille-lanterne était implacable. Les murs résonnaient du bruit des feuilles écrasées et du grincement des vignes qui se rapprochaient.

Juste au moment où ils pensaient être piégés, Max aperçut une petite porte au bout de la ruelle. Ils se précipitèrent à travers elle, la claquant derrière eux. La citrouille-lanterne atteignit la porte, mais son corps massif ne pouvait pas passer. Elle les fixa du regard, sa lumière diminuant lentement jusqu'à s'éteindre avec un dernier scintillement.

Haletants et serrant leurs sacs de bonbons, Max et Ana se regardèrent, incrédules.

“C'était juste,” murmura Ana.

“Ouais,” approuva Max, la voix tremblante. “La prochaine fois, on s'en tiendra aux maisons bien éclairées.”

The Black Door

Read in French starting on Page 57

Mia was a lonely girl who often found comfort in the pages of her fantasy books. She spent hours imagining herself in worlds filled with magic, where she could be anything but ordinary. Halloween night was the only time she felt a little closer to those dreams, as the air seemed charged with mystery.

That evening, as she wandered the streets alone, dressed as a sorceress from her favorite story, she noticed something strange—a faint, glowing light coming from an alley she had never seen before. Curiosity tugged at her, and she followed the light to its source.

At the end of the alley, she found an ornate door, it's color as dark as the night, but right in the center there was a peephole. Its golden metal glimmered, it seemed to whisper to her to check what was on the other side.

Mia was speechless. What she saw on the other side was beyond anything she could have ever imagined. There were towering trees that shimmered with golden leaves, and the sky above was a deep, enchanting shade of purple, dotted with stars.

In the center of this magical clearing, there were people dancing, and their laughter blended with the music that filled the air. But what captivated Mia most was the source of the music—there were no musicians, yet instruments floated in the air, strumming and playing themselves as if guided by an unseen hand. The melodies were unlike anything she had ever heard, weaving through the night like a spell. Watching that, Mia felt something she hadn't felt in a long time: hope.

As she looked around the dark alley, she realized she didn't belong to this boring world, beyond that door there was a place where she could finally be the heroine of her own story. With a smile, Mia took a deep breath and slammed the door open, stepping into the unknown, ready to embrace whatever awaited her.

La Porte Noire

Mia était une fille solitaire qui trouvait souvent du réconfort dans les pages de ses livres de fantasy. Elle passait des heures à s'imaginer dans des mondes remplis de magie, où elle pouvait être tout sauf ordinaire. La nuit d'Halloween était la seule fois où elle se sentait un peu plus proche de ces rêves, car l'air semblait chargé de mystère.

Ce soir-là, alors qu'elle errait seule dans les rues, déguisée en sorcière de son histoire préférée, elle remarqua quelque chose d'étrange—une lumière pâle et brillante provenant d'une ruelle qu'elle n'avait jamais vue auparavant. La curiosité la poussa à suivre la lumière jusqu'à sa source.

Au bout de la ruelle, elle trouva une porte ornée, d'une couleur aussi sombre que la nuit, mais au centre se trouvait un judas. Le métal doré scintillait, il semblait lui murmurer de regarder de l'autre côté.

Mia resta sans voix. Ce qu'elle vit de l'autre côté dépassait tout ce qu'elle aurait pu imaginer. Il y avait des arbres majestueux qui scintillaient de feuilles dorées, et le ciel au-dessus était d'un violet profond et envoûtant, parsemé d'étoiles. Au centre de cette clairière magique, des gens dansaient, et leurs rires se mêlaient à la musique qui emplissait l'air. Mais ce qui captivait le plus Mia, c'était l'origine de la musique— il n'y avait pas de musiciens, mais des instruments flottaient dans l'air, jouant d'eux-mêmes comme s'ils étaient guidés par une main invisible. Les mélodies étaient comme rien de ce qu'elle avait jamais entendu, tissant à travers la nuit comme un sortilège. En regardant cela, Mia ressentit quelque chose qu'elle n'avait pas ressenti depuis longtemps : de l'espoir.

En regardant autour de la ruelle sombre, elle réalisa qu'elle n'appartenait pas à ce monde ennuyeux; au-delà de cette porte se trouvait un endroit où elle pourrait enfin être l'héroïne de sa propre histoire. Avec un sourire, Mia prit une grande inspiration et ouvrit la porte à la volée, entrant dans l'inconnu, prête à embrasser ce qui l'attendait.

A Call from the Other Side

Read in French starting on Page 71

Everyone knows that Halloween is the one day of the year when the veil between the living and the dead thins, and because of this, it's the only day people from Skye could speak with their departed loved ones. No one knows how it started or why it only happened there, but each year, the townsfolk would sit by their phones and wait for the call of those they had lost.

After his grandfather's warning during one of these calls had saved Jake's life, he found himself more anxious than excited as Halloween approached. It was against the rules to interfere in the living's fate, what if his grandpa had been punished for warning him?

The following Halloween, Jake sat

by the phone, heart pounding. The familiar silence of his room seemed heavier, more oppressive. Midnight struck, and just as the last chime echoed, the phone rang.

"Grandpa?" Jake answered, his voice barely a whisper.

But the voice on the other end wasn't his grandfather's. It was deeper, colder. "Jake, it's time you understood. The veil doesn't just let us reach out to you. It lets others reach in."

"What do you mean?" Jake asked, his mouth dry with fear.

"There are those on this side who aren't content with just a conversation. Some, like myself, want more. You were supposed to be here with us, it's not fair that you're alive."

Before Jake could respond, the line

went dead, leaving him in a silence that buzzed with tension.

The next morning, Jake couldn't shake the feeling of being watched. The town seemed different, as if shadows clung a little longer, and whispers followed him where there should have been none.

That night, Jake slept uneasily. He knew that Skye's secret was far more complex than he had ever imagined, and Halloween had become more than just a day for speaking to the dead. It was now a day to survive.

Un Appel de l'Autre Côté

Tout le monde sait qu'Halloween est le seul jour de l'année où le voile entre les vivants et les morts s'amincit, et à cause de cela, c'est le seul jour où les habitants de Skye pouvaient parler avec leurs proches disparus. Personne ne sait comment cela a commencé ou pourquoi cela n'arrivait que là-bas, mais chaque année, les habitants de la ville s'asseyaient près de leurs téléphones, attendant l'appel de ceux qu'ils avaient perdus.

Après que l'avertissement de son grand-père pendant l'un de ces appels ait sauvé la vie de Jake, il se sentait plus anxieux qu'excité à l'approche d'Halloween. Il était interdit d'interférer dans le destin des vivants, et si son grand-père avait été puni pour l'avoir prévenu ?

Le Halloween suivant, Jake s'assit près du téléphone, le cœur battant. Le silence familier de sa chambre semblait plus lourd, plus oppressant. Minuit sonna, et juste au moment où le dernier coup résonna, le téléphone sonna.

"Grand-père ?" répondit Jake, sa voix à peine un murmure.

Mais la voix au bout du fil n'était pas celle de son grand-père. Elle était plus profonde, plus froide. “Jake, il est temps que tu comprennes. Le voile ne nous permet pas seulement de vous joindre. Il permet à d’autres d’entrer.”

“Que veux-tu dire ?” demanda Jake, la bouche sèche de peur.

“Il y en a qui, de ce côté, ne se contentent pas d’une simple conversation. Certains, comme moi, veulent plus. Tu devais être ici avec nous, ce n'est pas juste que tu sois en vie."

Avant que Jake ne puisse répondre, la ligne devint silencieuse, le laissant dans un silence rempli de tension.

Le lendemain matin, Jake ne pouvait se défaire de la sensation d'être observé. La ville semblait différente, comme si les ombres s'attardaient un peu plus longtemps, et des murmures le suivaient là où il ne devrait pas y en avoir.

Cette nuit-là, Jake dormit mal. Il savait que le secret de Skye était bien plus complexe qu'il ne l'avait jamais imaginé, et Halloween était devenu bien plus qu'un simple jour pour parler aux morts. C'était désormais un jour pour survivre.

The Last Knock

Read in French starting on Page 87

McCulley's Manor was the kind of place people avoided, especially after dark. The story behind the decaying old house was even more terrifying than its appearance. Years ago, Mr. McCulley had been killed there after the police discovered numerous bodies of missing travelers buried in his backyard. According to legend, anyone who knocked on his door would meet the same grim fate as those unfortunate souls.

One chilly October evening, a group of friends gathered around a campfire, daring each other to knock on the door of the cursed house. Among them was Sarah, a skeptic who laughed off the stories as silly superstition.

"Come on, it's just an old house," she

said, her voice tinged with bravado. "I'll prove it."

Armed with only a flashlight, she made her way to the house, the others watching from a distance. The closer she got, the more oppressive the air felt, as if the house itself was watching her.

She reached the front door and hesitated, her hand hovering over the wood. With a deep breath, she knocked three times, the sound echoing ominously through the night.

For a moment, nothing happened. Sarah turned to leave, smirking at her friends. But then she heard it—a soft, almost imperceptible creak from inside the house. The door slowly swung open, revealing nothing but darkness.

Suddenly, an icy wind swept through the yard, and Sarah felt an invisible force pull her toward the doorway. She screamed, trying to resist, but her feet were dragged across the threshold. The door slammed shut behind her with a deafening thud.

Her friends rushed to the house, but when they reached it, the door was locked. Sarah's screams were gone.

When the police arrived the next morning, the house stood as it always had, but with one difference

—a fresh set of scratches on the inside of the front door, as if someone had desperately tried to claw their way out.

Le Dernier Coup

Le manoir McCulley était le genre d'endroit que les gens évitaient, surtout après la tombée de la nuit. L'histoire derrière cette vieille maison en ruines était encore plus terrifiante que son apparence. Il y a des années, M. McCulley y avait été tué après que la police eut découvert de nombreux corps de voyageurs disparus enterrés dans son jardin. Selon la légende, quiconque frappait à sa porte subirait le même sort sinistre que ces âmes malheureuses.

Un soir d'octobre glacial, un groupe d'amis se rassembla autour d'un feu de camp, se lançant le défi de frapper à la porte de la maison maudite. Parmi eux se trouvait Sarah, une sceptique qui riait des histoires, les qualifiant de superstitions stupides.

"Allez, ce n'est qu'une vieille maison," dit-elle, bravade dans la voix. "Je vais vous le prouver."

Munie seulement d'une lampe de poche, elle se dirigea vers la maison, les autres la regardant de loin. Plus elle s'approchait, plus l'air semblait oppressant, comme si la maison elle-même la surveillait.

Elle atteignit la porte d'entrée et hésita, sa main planant au-dessus du bois. Avec une profonde inspiration, elle frappa trois fois, le son résonnant sinistrement dans la nuit.

Pendant un moment, rien ne se passa. Sarah se tourna pour partir, souriant à ses amis. Mais ensuite, elle l'entendit—un craquement doux, presque imperceptible, venant de l'intérieur de la maison. La porte s'ouvrit lentement, ne révélant que des ténèbres.

Soudain, un vent glacial balaya la cour, et Sarah sentit une force invisible la tirer vers l'entrée. Elle cria, essayant de résister, mais ses pieds furent traînés à travers le seuil. La porte se ferma derrière elle avec un bruit sourd assourdissant.

Ses amis se précipitèrent vers la maison, mais lorsqu'ils y arrivèrent, la porte était verrouillée. Les cris de Sarah avaient disparu.

Quand la police arriva le lendemain matin, la maison était telle qu'elle avait toujours été, mais avec une différence—un nouvel ensemble de griffures à l'intérieur de la porte d'entrée, comme si quelqu'un avait désespérément tenté de s'en sortir.

The Curse of Blackwood

Read in French starting on Page 101

Long ago, Lady Eveline of Blackwood Manor had been a kind healer, but after her family was falsely accused of witchcraft and burned at the stake, she turned to dark magic for revenge. On her last breath, Eveline cursed the village, vowing that every Halloween, the spirits of the unjustly condemned would return, seeking vengeance.

On Halloween, young Arthur, a blacksmith's apprentice, had lost track of time while gathering firewood. The sky darkened, and a cold wind swept through the trees, carrying with it whispers that made his skin crawl.

As he hurried back to the village, Arthur heard the crackling of leaves behind him. He turned and saw ghostly figures emerging from the shadows, their hollow eyes fixed on him. He remembered the tales his grandmother had told him, stories of the cursed spirits who roamed the forest.

Desperate, Arthur sprinted through the woods, his heart pounding. He could see the lights of the village in the distance, but the spirits were closing in. Just as they seemed about to catch him, the spirits just passed by.

It wasn't long until Arthur start to hear the screams.

By the time Arthur reached the village gates there was blood everywhere, the ghosts were after those who had taken part in their trials and condemned to burn at the stake. As the church bells began to toll, signaling midnight, the spirits vanished, leaving only a chilling silence.

From that day on, Arthur said a prayer to the spirits of the unjustly condemned every week, and taught those around him to be kind. He knew all too well that Lady Eveline's curse was real and that the spirits of the damned would always be waiting.

La Malédiction de Blackwood

Il y a longtemps, Dame Eveline du manoir de Blackwood était une guérisseuse bienveillante, mais après que sa famille ait été accusée à tort de sorcellerie et brûlée sur le bûcher, elle se tourna vers la magie noire pour se venger. Dans son dernier souffle, Eveline maudit le village, jurant que chaque Halloween, les esprits des condamnés à tort reviendraient pour se venger.

Le soir d'Halloween, le jeune Arthur, apprenti forgeron, avait perdu la notion du temps en ramassant du bois. Le ciel s'assombrit et un vent froid balaya les arbres, portant avec lui des murmures qui lui glacèrent le sang.

Alors qu'il se précipitait vers

le village, Arthur entendit des feuilles craquer derrière lui. Il se retourna et vit des silhouettes fantomatiques émerger des ombres, leurs yeux creux fixés sur lui. Il se souvint des histoires que sa grand-mère lui avait racontées, des histoires sur les esprits maudits qui erraient dans la forêt.

Désespéré, Arthur courut à travers la forêt, son cœur battant à tout rompre. Il pouvait voir les lumières du village au loin, mais les esprits se rapprochaient. Juste au moment où ils semblaient sur le point de l'attraper, les esprits le dépassèrent simplement.

Il ne fallut pas longtemps avant qu'Arthur commence à entendre les cris.

Quand Arthur atteignit les portes du village, il y avait du sang partout. Les fantômes traquaient ceux qui avaient participé à leurs procès et les avaient condamnés au bûcher. Lorsque les cloches de l'église commencèrent à sonner, signalant minuit, les esprits disparurent, ne laissant qu'un silence glacial.

À partir de ce jour, Arthur pria chaque semaine pour les esprits des condamnés à tort, et il enseigna à ceux qui l'entouraient à être bons. Il savait trop bien que la malédiction de Lady Eveline était réelle et que les esprits des damnés attendaient toujours.

The Ghostly Friend

Read in French starting on Page 115

When Andrew moved into the old Victorian house on Aldrich Street, he expected a new adventure. What he didn't expect was a ghostly friend.

On his first night, as Andrew unpacked in his new room, he noticed strange noises—soft footsteps, the rustling of curtains. He brushed it off as settling sounds of the old house until he heard giggles coming from the corner of the room. Right there, floating on top of his bed, the translucent figure of a little girl.

"Hi," she said with a grin. "I'm Kathy."

Andrew's mouth dropped open, and he fought the urge to scream for his mom. Instead, he managed to stammer, "Whaaaat?"

Kathy burst into laughter, twirling around him like a feather caught in a breeze. "Yeah, I know... I'll give you a minute to process that there's a ghost living in your bedroom. But when the shock's gone, want to explore the house?"

The boy was definitely astonished, but from that night on, Kathy and Andrew became inseparable. Their favorite activity was exploring the house. She showed him secret passages and hidden rooms in the house. They played games in the attic, where old toys and forgotten treasures were stored. She would tell him stories about the house's history, bringing its past to life in vivid detail.

As the years went by, Andrew and Kathy's friendship never wavered. Andrew grew up, but he always looked back fondly on his magical childhood with his best friend, the ghost. And though Kathy remained a ghost, she never felt lonely again, thanks to the boy who saw her not as a spooky presence, but as a friend.

L'Ami Fantôme

Quand Andrew emménagea dans la vieille maison victorienne de la rue Aldrich, il s'attendait à une nouvelle aventure. Ce qu'il ne s'attendait pas, c'était un ami fantôme.

Lors de sa première nuit, alors qu'Andrew déballait dans sa nouvelle chambre, il remarqua des bruits étranges—des pas légers, le bruissement des rideaux. Il balaya cela comme des bruits normaux d'une vieille maison jusqu'à ce qu'il entende des rires venant du coin de la pièce. Juste là, flottant au-dessus de son lit, la silhouette translucide d'une petite fille.

"Salut," dit-elle avec un sourire. "Je m'appelle Kathy."

La bouche d'Andrew s'ouvrit de

stupeur, et il réprima l'envie de crier pour appeler sa mère. Au lieu de cela, il réussit à balbutier, "Quooiii?"

Kathy éclata de rire, tournoyant autour de lui comme une plume emportée par le vent. "Oui, je sais... Je te laisse une minute pour te rendre compte qu'il y a un fantôme dans ta chambre. Mais quand tu auras repris tes esprits, tu veux explorer la maison ?"

Le garçon était définitivement étonné, mais à partir de cette nuit-là, Kathy et Andrew devinrent inséparables. Leur activité préférée était d'explorer la maison. Elle lui montra des passages secrets et des pièces cachées dans la maison. Ils jouaient dans le grenier, où des vieux jouets et des trésors oubliés étaient entreposés. Elle lui racontait des histoires sur l'histoire de la maison, ramenant son passé à la vie avec des détails vivants.

Au fil des années, l'amitié entre Andrew et Kathy ne faiblit jamais. Andrew grandit, mais il se souvenait toujours avec tendresse de son enfance magique avec son amie, le fantôme. Et bien que Kathy soit restée un fantôme, elle ne se sentit plus jamais seule, grâce au garçon qui la voyait non pas comme une présence effrayante, mais comme une amie.

This is just the beginning

Read in French starting on Page 129

Late one night, a group of friends gathered for their usual movie night. As they settled in with popcorn and blankets, waiting for their friend to put on the movie they had just rent, a strange news report flashed across the TV screen: unexplained attacks, people behaving violently, biting others.

Nervous laughter filled the room as they tried to brush it off. "These TV pranks are getting to a whole new level." one of them said, changing the channel. But the same report was on every station. Panic set in as they realized something was terribly wrong.

A loud crash came from the front door. They all froze, eyes wide. Another crash, then the door burst open. Standing there was their friend Tom, who had left earlier to get more snacks. But something was off—his skin was pale, his eyes vacant, and blood dripped from his mouth.

"Tom?" Rebeca whispered, stepping closer. But Tom wasn't Tom anymore. He lunged at her with a guttural growl, forcing the others to drag her back just in time.

They barricaded themselves in the

kitchen, the sounds of moaning and shuffling feet growing louder outside. Peeking through the window, they saw more figures stumbling down the street—neighbors, strangers, all with the same vacant eyes and rotting flesh. The town was overrun.

"Is this really happening?" someone whispered, their voice trembling.

"It's like those zombie movies,"

another muttered. But this wasn't a movie; this was real.

As dawn approached, the group knew they couldn't stay hidden forever. They gathered what little they could find for weapons, the weight of their new reality sinking in.

"This is just the beginning," Rebeca said, her voice steady despite the fear. "We have to fight. There's no going back now."

With the first light of day, they stepped outside, prepared for the battle that awaited them.

Ce N'est Que Le Début

Tard dans la nuit, un groupe d'amis s'était réuni pour leur soirée cinéma habituelle. Alors qu'ils s'installaient avec du pop-corn et des couvertures, attendant que leur ami lance le film qu'ils venaient de louer, un étrange bulletin d'information apparut à l'écran : des attaques inexpliquées, des gens se comportant violemment, mordant les autres.

Des rires nerveux remplirent la pièce alors qu'ils essayaient de balayer l'information. "Ces farces à la télé atteignent un nouveau niveau," dit l'un d'eux en changeant de chaîne. Mais le même rapport était sur toutes les chaînes. La panique s'installa lorsqu'ils réalisèrent que quelque chose n'allait pas du tout.

Un grand fracas vint de la porte

d'entrée. Ils se figèrent tous, les yeux écarquillés. Un autre crash, puis la porte s'ouvrit brusquement. Leur ami Tom se tenait là, celui qui était parti plus tôt pour chercher plus de collations. Mais quelque chose n'allait pas—sa peau était pâle, ses yeux vides, et du sang coulait de sa bouche.

"Tom ?" murmura Rebeca, s'approchant. Mais Tom n'était plus Tom. Il se jeta sur elle avec un grognement guttural, forçant les autres à la tirer en arrière juste à temps.

Ils se barricadèrent dans la cuisine, les bruits de gémissements et de pieds traînants devenant plus forts à l'extérieur. En jetant un coup d'œil par la fenêtre, ils virent d'autres silhouettes trébuchant dans la rue—voisins, étrangers, tous avec les mêmes yeux vides et la chair pourrissante. La ville était envahie.

“Est-ce que ça arrive vraiment ?” murmura quelqu’un, la voix tremblante.

“C’est comme dans ces films de zombies,” marmonna un autre. Mais ce n’était pas un film; c’était réel.

À l’approche de l’aube, le groupe savait qu’il ne pourrait pas rester caché pour toujours. Ils rassemblèrent le peu qu’ils purent trouver pour en faire des armes, le poids de leur nouvelle réalité s'installant.

"Ce n'est que le début," dit Rebeca, sa voix ferme malgré la peur. "Nous devons nous battre. Il n'y a plus de retour possible maintenant."

Avec la première lumière du jour, ils sortirent dehors, prêts pour la bataille qui les attendait.

Lady Jane

Read in French starting on Page 145

Jane awoke as if it were just another day. The cold stone walls of her chamber felt the same, but there was an unfamiliar hum in the air and strange noises that she couldn't place.

The moment she got out of bed, she noticed something was off. Her maids were nowhere to be found, and as she opened her wardrobe, she found it empty. Confused and embarrassed to be wearing only her nightgown, she sneaked out of her room.

As Jane wandered through the empty corridors, her unease grew. The tapestries shared the walls with glowing panels that flickered with shifting images. She passed rooms filled with bizarre objects she couldn't understand.

Rushing to a window, she peered outside. The yard seemed almost the same, but the people below were completely different. Women wore trousers and strange hair, everyone was dressed in garments unlike any she had ever seen. There were no proper dresses, just strange clothing. Everyone held something weird in their hands that pointed toward where she was, were they observing her?

A voice outside said, "And here, in the Tower Green, Lady Jane Grey lived her last days."

Staggering back from the window, Jane's mind raced. How could this be? She looked down at her hands only to find out they were translucent and pale. The horrifying truth settled over her like a shroud. She wasn't waking from a nightmare. She was the nightmare, a lost soul who had been dead for centuries, from the moment the executioner's axe had struck. The memory of her death returned with stark clarity.

As she roamed the Tower, invisible and unheard, Jane realized she was trapped—an echo of the past haunting a world that had long forgotten her. A ghost lost in a future she could never belong to.

The next day, when she woke, it all began again. Another day in a never-ending loop.

Lady Jane

Jane se réveilla comme si c'était un jour comme les autres. Les murs froids de pierre de sa chambre étaient les mêmes, mais il y avait un bourdonnement inconnu dans l'air et des bruits étranges qu'elle ne pouvait pas identifier.

Dès qu'elle se leva du lit, elle

remarqua que quelque chose n'allait pas. Ses servantes étaient introuvables, et lorsqu'elle ouvrit sa garde-robe, elle la trouva vide. Confuse et embarrassée de ne porter que sa chemise de nuit, elle sortit furtivement de sa chambre.

Tandis que Jane errait dans les couloirs vides, son malaise grandissait. Les tapisseries partageaient les murs avec des panneaux lumineux qui scintillaient avec des images changeantes. Elle passa devant des pièces remplies d'objets étranges qu'elle ne comprenait pas.

Se précipitant vers une fenêtre, elle regarda dehors. La cour semblait presque la même, mais les gens en bas étaient complètement différents. Les femmes portaient des pantalons et des coiffures étranges, tout le monde était vêtu de vêtements qu'elle n'avait jamais vus. Il n'y avait pas de robes convenables, juste des vêtements étranges. Tous tenaient quelque chose d'étrange dans leurs mains, pointant dans sa direction. L'observaient-ils ?

Une voix à l'extérieur dit : "Et ici, dans la Tour Verte, Lady Jane Grey vécut ses derniers jours."

Titubant en arrière de la fenêtre, l'esprit de Jane s'emballa. Comment cela pouvait-il être ? Elle regarda ses mains pour découvrir qu'elles étaient translucides et pâles. La vérité horrible tomba sur elle comme un linceul. Elle ne se réveillait pas d'un cauchemar. Elle était le cauchemar, une âme perdue qui était morte depuis des siècles, depuis le moment où la hache du bourreau l'avait frappée. Le souvenir de sa mort revint avec une clarté effrayante.

Alors qu'elle errait dans la Tour, invisible et inaudible, Jane réalisa qu'elle était piégée—un écho du passé hantant un monde qui l'avait longtemps oubliée. Un fantôme perdu dans un futur auquel elle ne pourrait jamais appartenir.

Le lendemain, quand elle se réveilla, tout recommença. Un autre jour dans une boucle sans fin.

The Great Pumpkin Prank

Read in French starting on Page 159

In the small town of Maplewood, Halloween was a time for elaborate decorations and spooky fun. This year, however, a group of friends decided to play the ultimate prank.

Tom, Norah, and Kelly were known for their mischievous Halloween tricks, and this year, they set their sights on the town's most serious Halloween enthusiast, Mr. Henderson. Mr. Henderson was famous for his elaborate yard displays and his pride in his prize-winning pumpkin, which he had lovingly named "Giganto."

On Halloween night, as the townsfolk prepared for trick-or-treaters, the trio sneaked into Mr. Henderson's yard. Their plan was simple: replace Giganto with an inflatable pumpkin that had a squeaky nose and a goofy grin.

Under the cover of darkness, they swapped the pumpkins, carefully placing Giganto inside Kelly's garage. The friends then set the inflatable pumpkin in place and waited in the bushes to see Mr. Henderson's reaction.

When Mr. Henderson stepped outside to admire his decorations, his eyes widened in shock. He approached the inflatable pumpkin, which promptly let out a loud, comical squeak when touched. Mr. Henderson looked around, confused. The inflatable pumpkin wobbled and made silly noises, while a hidden speaker played eerie, exaggerated Halloween music.

Finally, Mr. Henderson's confusion turned to laughter. He couldn't help but chuckle at the sight of his prized pumpkin being replaced with such a silly substitute. He tipped his hat to the pranksters, who emerged from the bushes laughing hysterically.

"Nice try, kids," Mr. Henderson said with a grin. "But you'll have to do better than that next year."

The pranksters agreed, their laughter echoing through the night. They had succeeded in their mission, and the Halloween spirit was alive with good-natured fun.

Le Grand Canular de La Citrouille

Dans la petite ville de Maplewood, Halloween était une période de décorations élaborées et de divertissement effrayant. Cependant, cette année, un groupe d'amis décida de jouer le canular ultime.

Tom, Norah et Kelly étaient connus pour leurs farces d'Halloween, et cette année, ils avaient décidé de s'en prendre au plus grand passionné d'Halloween de la ville, M. Henderson. M. Henderson était célèbre pour ses décorations élaborées dans son jardin et pour sa fierté dans sa citrouille primée, qu'il avait affectueusement nommée "Giganto."

La nuit d'Halloween, alors que les habitants de la ville se préparaient pour les "friandises ou bêtises", le trio se faufila dans le jardin de M. Henderson. Leur plan était simple : remplacer Giganto par une citrouille gonflable avec un nez qui couine et un sourire idiot.

À la faveur de l'obscurité, ils échangèrent les citrouilles, plaçant soigneusement Giganto dans le garage de Kelly. Les amis installèrent ensuite la citrouille gonflable à sa place et attendirent dans les buissons pour voir la réaction de M. Henderson.

Quand M. Henderson sortit pour admirer ses décorations, ses yeux s'écarquillèrent de surprise. Il s'approcha de la citrouille gonflable, qui poussa aussitôt un couinement comique lorsqu'on la toucha. M. Henderson regarda autour de lui, confus. La citrouille gonflable vacillait et produisait des bruits idiots, tandis qu'un haut-parleur caché diffusait une musique d'Halloween exagérée et effrayante.

Finalement, la confusion de M. Henderson se transforma en rire. Il ne put s'empêcher de rire en voyant sa citrouille primée remplacée par une chose aussi ridicule. Il inclina son chapeau aux farceurs, qui sortirent des buissons en riant aux éclats.

"Bien essayé, les enfants," dit M. Henderson avec un sourire. "Mais il faudra faire mieux l'année prochaine."

Les farceurs acquiescèrent, leurs rires résonnant dans la nuit. Ils avaient réussi leur mission, et l'esprit d'Halloween était bien vivant dans une ambiance bon enfant.

Stay Away From the Basement

Read in French starting on Page 173

On Halloween night, brothers Colin and Liam were done tick-or-treating and decided to explore the old family mansion while their parents handed out candy. Their grandfather had always warned them about the basement, saying it held dangerous things. But the allure of a forbidden mystery was too tempting for two bored boys.

They crept down the basement stairs quietly. The air grew colder, and the smell of old mustiness filled their nostrils. As they reached the bottom, Jake spotted an old, dusty chest in a shadowy corner. Its padlock was rusted, but it seemed strangely fascinating.

Liam teased his brother. “Are you scared of opening it?”

Colin shrugged. "Nah! It's just an old thing."

With a creak, the chest sprang open, revealing an ancient book bound in dark leather. The cover was etched with cryptic symbols. Ignoring a sudden chill that ran down their spines, the boys began to flip through the pages. Strange incantations and eerie illustrations filled the book.

Suddenly, the room spun, and a blinding light engulfed them. The boys' screams turned into frantic squeaks as they felt their bodies changing. When the light faded, they found themselves transformed into tiny, furry mole-rats.

The basement door creaked open, and their grandfather, looking more serious than ever, descended the stairs. He spotted the two transformed brothers on the floor and picked them up gently.

That day they learned their grandfather had powers beyond their imagination, and the basement's secret was more than just an old book.

"Didn't I tell you to stay away from the basement?" he said laughing, his tone a mix of amusement and mischief. What he did to the boys after that? No one knows...

Restez loin du sous-sol

La nuit d'Halloween, les frères Colin et Liam avaient fini de faire du porte-à-porte pour les bonbons et décidèrent d'explorer l'ancienne maison familiale pendant que leurs parents distribuaient des friandises. Leur grand-père leur avait toujours mis en garde contre le sous-sol, disant qu'il contenait des choses dangereuses. Mais l'attrait d'un mystère interdit était trop tentant pour deux garçons ennuyés.

Ils descendirent silencieusement les escaliers du sous-sol. L'air devint plus froid, et une odeur de moisi envahit leurs narines. En atteignant le bas, Jake repéra un vieux coffre poussiéreux dans un coin sombre. Son cadenas était rouillé, mais il semblait étrangement fascinant.

Liam taquina son frère. « Tu as peur de l'ouvrir ? » Colin haussa les épaules. « Non ! Ce n'est qu'un vieux truc. »

Dans un grincement, le coffre s'ouvrit, révélant un ancien livre relié en cuir sombre. La couverture était gravée de symboles cryptiques. Ignorant un frisson soudain qui leur parcourut l'échine, les garçons commencèrent à feuilleter les pages. Des incantations étranges et des illustrations inquiétantes remplissaient le livre.

Soudain, la pièce tourna et une lumière éblouissante les enveloppa. Les cris des garçons se transformèrent en petits couinements frénétiques alors qu'ils sentaient leurs corps changer. Quand la lumière s'éteignit, ils se retrouvèrent transformés en petites rats-taupes velues.

La porte du sous-sol grinça en s'ouvrant, et leur grand-père, plus sérieux que jamais, descendit les escaliers. Il aperçut les deux frères transformés sur le sol et les ramassa doucement.

Ce jour-là, ils apprirent que leur grand-père possédait des pouvoirs au-delà de leur imagination, et que le secret du sous-sol n'était pas seulement un vieux livre.

« Ne vous avais-je pas dit de rester loin du sous-sol ? » dit-il en riant, son ton un mélange d'amusement et de malice. Ce qu'il fit aux garçons après ça ? Personne ne le sait…

Do you have a Spooky Story?

Write it below!

Thank you for learning with us!

Choosing to teach your child at home can sometimes be a difficult decision for the family financially.

If you know a family in need that would love this book, please send me an email.

I will send you a PDF of this book with no questions asked.

doodlesafari@gmail.com

Manufactured by Amazon.ca
Bolton, ON

51146248R00106